# L'AUTRICHE

## DANS LA CRISE ACTUELLE.

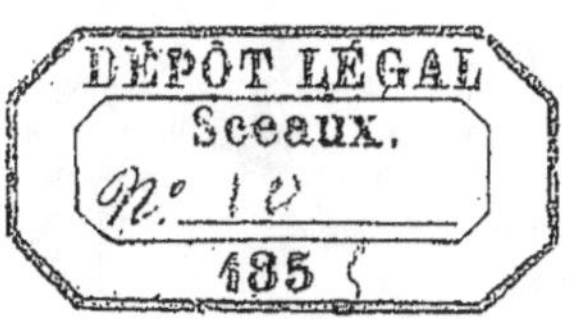

# L'AUTRICHE

## DANS LA CRISE ACTUELLE.

PAR

## JOSEPH REITZENHEIM.



PARIS

CHEZ E. DENTU, LIBRAIRE,

AU PALAIS-ROYAL, 13, GALERIE VITRÉE.

1855

# L'AUTRICHE

## DANS LA CRISE ACTUELLE.

Au milieu d'une des situations les plus tendues de notre siècle, au milieu des préparatifs et des armements immenses, qui font marcher vers l'Europe jusqu'à ces cavaliers sauvages de l'Asie, les Bachkires et les Kalmouks, le czar Nicolas vient de descendre au tombeau sans avoir pu accomplir la tâche qu'il s'était imposée : « l'extermination du *Polonisme* et du *Dominus vobiscum !* »

Ces projets, ces désirs s'évanouissent avec lui, et tandis que l'autocrate s'éclipse comme un éclair, le *Polonisme* debout, à la face de l'univers, se dresse plein de vie, à côté de la dépouille du monarque défunt, parce qu'il a pour lui le droit, la justice, les lumières ; et le *Dominus vobiscum*, se dégageant des dissonnances qui troublaient son harmonie primitive, résonne plus fort et plus clair que jamais.

L'empereur Nicolas a continué fidèlement la tâche traditionnelle de ses ancêtres. Son règne appartient désormais à l'histoire, mais le système qu'il représentait et dont la stricte exécution rencontra tant d'oppositions sourdes, tant de révoltes ouvertes, et qui provoqua, en dernier lieu, une coalition de la moitié de l'Europe ; ce système pourra-t-il être continué de la même manière et sous la même forme ? Telle est la question la plus grande qui s'offre à l'examen de tout penseur. Nous sommes tentés de la résoudre par la négative ; car si d'un côté il est hors de doute que la tendance de l'idée russe reste la même, puisque dans le cas contraire la Russie actuelle abdiquerait sa tradition de dominer chez toutes les populations slaves ; il n'est pas moins certain que dans l'intérêt même de cette idée, il lui faudra modifier au moins bien profondément son application. Le vieux parti russe, celui qui s'inspire des traditions de George Dolgorouki, d'Ivan le Terrible et de Pierre I<sup>e</sup>, n'abandonnera certes pas ses idées ; mais il a dû acquérir la conviction, sous le dernier règne, qu'une domination par la force, dans l'intérêt de la force, ne saurait réunir en sa faveur qu'une partie de la race slave, en réveillant, en même temps, une résistance énergique chez la partie adverse, mue par des tendances généreuses et élevées. Ce parti ne peut ne pas voir également que l'Europe entière lui oppose la force du nombre joint à la force des principes ; il se verra obligé, par conséquent, d'augmenter ses chances de succès, et de grossir le chiffre de ses partisans, en inscrivant sur son drapeau la grande idée de l'unité de race appuyée sur le progrès.

C'est sous l'empire de ces circonstances que commence le règne d'Alexandre II. Un changement de système n'aura pas lieu immédiatement, nous le savons bien, et ce n'est pas au moment d'une guerre des plus sérieuses qu'un gouvernement nouveau peut abandonner une politique suivie depuis des siècles ; ce changement toutefois aura lieu indubitablement. La corde trop tendue par Nicolas s'est déjà rompue, le czarisme avait atteint, sous son règne, le point culminant ; il se trouve aujourd'hui en face de l'Europe coalisée, qui lui barre le chemin. Les anciens moyens sont insuffisants et usés, il faut donc que son successeur entre dans des voies nouvelles s'il veut éviter les obstacles qu'a rencontrés son père ; il doit aborder franchement une série de concessions à l'intérieur qui peuvent seules rapprocher les deux grandes fractions qui se partagent la Russie et les autres pays slaves, afin de se procurer des forces nouvelles pour la grande lutte où il se trouve engagé.

En parlant de concessions, nous n'avons nullement en vue celles qui auraient un caractère occidental, mais des concessions ayant pour principe les tendances du parti national de Moscou et de la jeune Russie. Ces réformes puiseront leur source dans le caractère de la race moscovite, et le premier pas une fois fait, on fera appel aux autres nations slaves au nom de la patrie commune, et de leur individualité libre.

Cette tâche est dévolue au gouvernement russe actuel, et la marche des événements en dirigera le développement plus ou moins rapide. On ne peut se cacher que l'homogénéité de la race et la communauté de la religion grecque, à laquelle appartient une si grande partie des slaves, faciliteront singulièrement les efforts en question, et nous verrons peut-être alors le spectacle unique d'un congrès slave libre, se rassemblant à Varsovie, pour des motifs pareils à ceux qui l'avaient réuni, récemment à Prague, en 1848.

Les Polonais seuls, à cause de leur antagonisme national et religieux vis-à-vis de la Russie, formeraient un obstacle à cette nouvelle tendance chez leurs oppresseurs, mais avouons qu'ils auraient de la peine à se soutenir puisque, n'étant plus seuls, comme jusqu'à présent, à représenter le centre de la gravitation de l'indépendance slave, leur position se trouverait notablement amoindrie, et si le frein traditionnel qu'ils opposent à la Russie était détruit, par suite de l'initiative morale de cette dernière, les suites de ce changement de situation pourraient devenir incalculables; la Pologne n'aurait plus alors que le choix, ou de continuer sa lutte avec la Russie, dans des conditions beaucoup moins avantageuses, ou d'adhérer complètement à la Russo-Slavie régénérée. Le sentiment du devoir et ses traditions nationales l'appellent bien à suivre la première de ces voies, mais si malgré ses sacrifices, elle se trouve poussée dans la seconde par l'abandon de l'Europe, le surcroit des forces intellectuelles et matérielles qui en reviendrait à la Russie deviendrait immense, et l'Europe n'aurait qu'à se préparer à de grandes catastrophes.

C'est en face de ces alternatives que se trouve aujourd'hui un état, dont l'intérêt serait d'empêcher à ce que le gouvernement de Saint-Pétersbourg n'acquiert ce nouveau degré de puissance qui se développerait en premier lieu à ses dépens, finissant peut-être par son morcellement à la première occasion. Tout le monde devine que nous voulons parler de l'Autriche. Cette monarchie a un gouvernement allemand, mais règne sur vingt nations différentes, divisées en cinq groupes principaux: celui des Slaves, des Allemands, des Italiens, des Hongrois et des Roumains. On conçoit combien elle a d'intérêt à surveiller et à influencer le mouvement dans lequel la Russie, comme grande puissance slave, paraît destinée à entrer, car c'est justement cette agglomération de différents peuples rendant sa position extrêmement difficile qui la place, pour ainsi dire, entre l'Occident et la Russie, comme entre l'enclume et le marteau. La position de l'Autriche ne saurait être assimilée ni à celle de la Russie, ni à celle de la Prusse, qui s'appuient sur des nationalités plus homogènes et possèdent ainsi une condition principale d'existence politique, tandis que la puissance autrichienne reposait toujours sur un équilibre de forces, maintenu depuis des siècles avec beaucoup d'habileté, mais devenu de plus en plus difficile, au moment où des grandes questions nationales et sociales ébranlent le monde et menacent les états qui n'ont point de racines populaires.

Un coup d'œil rapide sur l'histoire de l'Autriche nous mettra à même de juger le mieux sa situation actuelle; elle nous indiquera aussi peut-être la seule voie qui lui reste, si elle veut éviter les suites de cette situation. Il est sûr que l'Autriche occupe, *pour le moment*, une position bien décisive dans le conflit européen, mais cela n'empêche pas que tout son avenir dépend justement de la conduite qu'elle tiendra dans la crise actuelle.

Après la dissolution du grand royaume morave, sous les successeurs de Swiatopelk, les Wendes du sud, qui en faisaient partie, devinrent un fief de l'Allemage, et furent gouvernés par des Margraves au nom de l'empereur. L'Autriche, la Carinthie, la Styrie et la Carniole, étaient des tronçons détachés de ce royaume. Sous Henri Jasomirgott, en 1156, les Margraves d'Autriche furent nommés, par l'empereur, ducs indépendants et héréditaires.

Après la mort de Frédéric-le-Vaillant, dernier descendant de la maison de Babenberg, toutes ces provinces revinrent, par le mariage de Marguerite Babenberg, à Ottocar II, roi de Bohême. Mais il ne jouit pas longtemps de ces possessions, car Rodolphe, comte de Habsbourg, monté sur le trône impérial en 1272, révendiqua ces pays, comme injustement acquis par le roi de Bohême, qui avait répudié sa femme ; et la ligne directe des ducs d'Autriche, étant éteinte, la bataille livrée et gagnée sur Otto-car dans les champs de la Marche, en 1278, décida du sort de ces provinces, données désormais, comme fief, aux fils de l'empereur Albrecht et Rodolphe.

Ici commence l'histoire et la puissance réelle de l'Autriche, dont l'empereur Rodolphe fut le vrai fondateur, car, sans lui, il est probable que c'est la Bohême qui eut dominé tous ces pays qui appartiennent de nos jours à l'empire. Les possessions territoriales de la maison de Habsbourg, en Helvétie et en Alsace, ne contenaient alors que 179 lieues carrées.

Depuis Albert II, la couronne impériale resta toujours dans cette maison par voie d'élection. Sous son règne, ainsi que sous le règne de ses successeurs, une partie des possessions autrichiennes, en Helvétie, furent perdues par suite du célèbre soulèvement des cantons, qui, les premiers, brisèrent la puissance despotisque des empereurs, ce qui donna naissance à la confédération suisse ; mais au bout d'un siècle, c'est à dire vers l'an 1394, des acquisitions continuelles en Souabe, dans le Tyrol, comme dans la Brisgovie, portèrent l'étendue de leurs états héréditaires jusqu'à 2213 lieues carrées. Trois branches de cette maison y régnaient, savoir : celles du Tyrol, de la Styrie et de l'Autriche proprement dite.

En 1493, toutes ces provinces se trouvèrent réunies sous le sceptre de Maximilien Ier. Les états héréditaires des empereurs, qu'il faut distinguer de ceux composant l'empire germanique, comprenaient déjà au commencement du XVIe siècle, 3618 lieues carrées, et cette augmentation provint surtout de la succession de Bourgogne, que l'Autriche eut après la mort de Charles le Téméraire tué à la bataille de Nancy, en 1477. Maximilien Ier

était son gendre. On peut appeler ce prince le second fondateur de la monarchie autrichienne. Mais depuis lui, commencèrent les luttes séculaires de l'Autriche avec l'étranger, et
principalement avec la France, car Louis XI réclamait une
partie de la succession de Bourgogne, comme fief de la France.
La puissance autrichienne s'augmenta encore cependant par
un nouveau mariage entre Philippe le Bel, fils de Maximilien,
et l'infante Jeanne, fille de Ferdinand-le-Catholique d'Arra-
gon, en 1496; aussi Charles Quint, leur fils, devenu à son
tour empereur d'Allemagne, réunit-il un ensemble de possessions tel que le monde n'en avait vu depuis l'ancien empire
romain.

Les états héréditaires de l'Autriche, comprenaient alors la
Bourgogne, les Pays-Bas, l'Espagne, Naples et Milan, ainsi
que les immenses possessions d'Amérique. L'héritage d'Espagne entraîna Charles Quint dans des guerres continuelles
avec la France ; il vainquit François I<sup>er</sup>, son compétiteur, au
trône d'Allemagne, mais fut moins heureux contre son fils et
successeur, Henri II. Fatigué des agitations politiques et reli-
gieuses de son temps, il abdiqua, comme on sait, en 1558, et
remit l'empire à son frère Ferdinand I<sup>er</sup>, qui avait été déjà
mis en possession des états héréditaires autrichiens proprement dits, laissant l'Espagne, Naples, les Pays-Bas et l'Amérique à son fils Philippe II.

C'est sous Ferdinand I<sup>er</sup> que la couronne de Hongrie et de
Croatie, aussi bien que celle de Bohême, de Moravie, de Silésie et de Luzace, se trouvèrent jointes par des traités à l'Autriche. Le territoire de cette monarchie s'en trouva donc dou-
blé. Cet état, qui après sa séparation de l'Espagne ne se
composait plus que presque exclusivement d'éléments allemands, fut ainsi aggrandi par des éléments magyares et slaves,

qui en changèrent la nature primitive, et c'est à partir de ce moment qu'on lui voit embrasser une politique et des combinaisons qui durent encore de nos jours. Ferdinand eut à soutenir une lutte en Hongrie contre Zapolya, duc de Transylvanie, et contre les Turcs qui protégèrent ce dernier.

Sous le règne de Maximilien II, fils de Ferdinand, toutes ces couronnes devinrent une possession paisible de l'Autriche, qui réunit ainsi une très grande partie de cet immense état morave détruit 700 ans auparavant par l'empereur Arnoul. Nous passons sur les règnes insignifiants de Rodolphe II, et de Mathias I<sup>er</sup>.

Celui de Ferdinand II fut tristement célèbre par la guerre dite de trente ans, qui dévasta l'Allemagne de la manière la plus affreuse et détourna, pour la première fois, les affections de ses peuples pour l'Autriche ; cette guerre désastreuse ne finit que sous Ferdinand III, par la paix signée à Munster et à Osnabruck, le 24 octobre 1648, et si connue sous le nom de traité de Westphalie. L'Autriche y perdit ses possessions de l'Alsace, et ses états allemands ont toujours diminué depuis ; mais à côté de ces pertes, elle s'aggrandit dans le cours du même siècle par l'acquisition de la Transylvanie, du restant de la Hongrie et de l'Esclavonie, qui lui furent assurées, en 1699, par le traité de Karlowitz, ainsi que par celles des principautés silésiennes de Lignitz et de Brièg.

Sous Joseph I<sup>er</sup>, le duché de Mantoue fut réuni aux possessions autrichiennes. Sous Charles VI, la guerre de succession d'Espagne valut à la famille de Habsbourg la prépondérance en Italie, car les traités d'Utrecht, de Rastadt et de Bade, lui assurèrent la possession de Naples, de Milan, de la Sardaigne et de Brisgovie, ainsi que celle des Pays-Bas. Le reste des possessions espagnoles passa sous le sceptre des Bourbons. Par la paix de Passarowitz, Temesvar, Krajowa, la Servie et la Bosnie jusqu'à la Save, s'ajoutèrent aux possessions autrichiennes ; mais une partie de ces conquêtes sur les Turcs furent perdues de nouveau sous le même règne, ainsi que les royaumes de Naples et de Sicile. Les possessions non allemandes de l'Autriche augmentaient, comme nous voyons, continuellement ; et à la mort de Charles VI, sa monarchie comptait 10265 lieues carrées.

Sous Marie Thérèse, sa fille, l'Autriche fut troublée par des guerres qui lui firent perdre la majeure partie de la Silésie, et qui amenèrent, pour la première fois depuis des siècles, son alliance avec la France dans sa seconde lutte contre Frédéric IIe de Prusse. Les velléités d'acquérir la couronne de Bavière, à l'extinction de la maison régnante en 1778, ne réussirent pas, mais ses successions héréditaires furent augmentées de nouveau par le partage de la Pologne, en 1772, qui y ajouta la province qu'on a appelée Gallicie orientale ; puis, dans la même année, par l'acquisition de la Boukovine ; enfin par sa nouvelle part de butin sur la Pologne, formant l'autre Gallicie dite occidentale, en 1795.

Il est à remarquer qu'une très grande partie des possessions de l'Autriche lui sont échues par des mariages et des successions, ce qui a donné lieu au dystique : *Bella gerant alii, tu felix Austria nube!* La haute position des princes autrichiens, comme empereurs de l'Allemagne, se trouvait bien propice à l'agrandissement de leurs possessions héréditaires. Aussi la plupart des guerres entreprises par eux avaient-elles moins pour objet l'intérêt général, que les avantages de leur maison. Une seule guerre, celle de trente ans, fut conduite par Ferdinand II et Ferdinand III, au nom de la religion plutôt que dans des intérêts de dynastie et de famille.

La lutte prolongée contre la confédération suisse, n'avait eu lieu qu'afin de pouvoir garder un patrimoine qui cherchait à se dérober à l'oppression. Les grandes guerres contre la France, au XV et XVI° siècle, eurent pour but la domination en Bourgogne, en Espagne ou en Italie. La Hongrie acquise par l'Autriche, lui suscitait des luttes continuelles avec les Turcs, qui ne cessèrent d'être redoutables que lorsque le héros Sobieski, avec son armée polonaise, eut rompu leurs rangs sous les murs de Vienne en sauvant cette ville, l'Allemagne et peut-être la chrétienté entière. Les guerres de sept ans, celles de la succession d'Espagne et de Bavière, ne furent entreprises que dans l'intérêt des états héréditaires; la première, pour les conserver, les deux autres, pour les agrandir. Mais outre ces deux motifs de guerre, l'Autriche fut encore dirigée dans certaines autres par ce qu'on pourrait appeler une lutte contre des idées. Charles Quint fut le premier empereur qui se mit à la tête de cette croisade contre le progrès, et depuis lui les monarques autrichiens n'ont guère cessé à suivre son héritage politique sous ce rapport, jusqu'à ce qu'elle fut devenu pour eux une nécessité, à cause des éléments différents qui se joignirent petit à petit à l'héritage de la maison de Habsbourg.

Quelques exceptions, comme celles du règne de Joseph II, ne doivent point entrer en ligne de compte. Les adversaires de la maison de Habsbourg, dans l'Occident, ne manquèrent point de profiter de cette direction politique suivie par le gouvernement d'Autriche, et se mirent souvent hardiment à la tête des idées combattues par elle.

Le grand mouvement de 1789, ainsi que ses conséquences, durent donc trouver chez elle leur plus grand adversaire, aussi l'a-t-on vue au premier rang lorsqu'il s'agissait de s'opposer à tout ce qui découlait de la révolution française. L'Autriche ne fut pas heureuse dans ce combat, et les traités de Campo-Formio, en 1797, et de Lunéville, en 1800, lui firent perdre la Belgique, le Milanais, Mantoue, et la Brisgowie, ne lui donnant en échange qu'une partie des possessions vénitiennes. Dans ses luttes renouvelées avec l'héritier de la révolution, l'empereur Napoléon I<sup>er</sup>, l'Autriche perdit encore, après Austerlitz, en 1805, 1,000 lieues carrées avec 3,000,000 d'habitants; après Wagram, en 1809, 2073 lieues carrées et 6,000,000 d'habitants. Toutes ces guerres si désastreuses pour elle furent entreprises dans l'intérêt d'un conservatisme moral et matériel, et malgré le poids de ces défaites, les années 1813 et 1814 trouvèrent l'Autriche en force plus que suffisante pour contribuer à la chute de Napoléon sur de nombreux champs de bataille. Aussi le congrès de Vienne lui rendit-il presque toutes les provinces perdues, à l'exception de la Gallicie occidentale ; et sa superficie géographique se trouve être aujourd'hui de 12,120 lieues carrées avec une population de 37,514,460 habitants. Sortie victorieuse de cette guerre de géants, l'Autriche regagna une partie de son ancienne influence sur les affaires d'Allemagne, et devint en même temps l'arbitre de celles d'Italie, par la force de ses armées entretenues depuis lors dans ce pays.

Le danger des graves conséquences de la révolution française une fois passé, et la chute de son héritier Napoléon I<sup>er</sup>, ayant arrêté le développement systématique et réglé qu'aurait pu prendre cette révolution, les puissances alliées s'occupèrent des mesures les plus propres à prévenir autant que possible tout retour de ce qu'elles considéraient avec raison comme un péril commun pour eux. L'Autriche, par sa position particulière, avait encore plus d'intérêt à prendre ce soin que la Russie et même la Prusse puisque celles-ci, s'appuyant sur l'unité nationale de leurs peuples, redoutaient moins une décomposition de leurs états au moment de l'orage. La Sainte-Alliance fut conclue dans ce but, en 1815, entre les trois puissances du nord, qui invitèrent, lors du congrès d'Aix, La-Chapelle, la France et l'Angleterre de prendre aussi leur part de garantie du *statu quo* matériel en Europe, les trois cours en question ayant d'abord cherché à circonscrire, dans leurs propres états, tout mouvement moral et intellectuel réputé dangereux. L'opinion publique en Allemagne, excitée par les gouvernements eux-mêmes pendant les guerres contre Napoléon, s'était en effet mise à réclamer une liberté sérieuse ; aussi les trois cours du Nord, se hâtèrent-elles de provoquer les réunions ministérielles de Vienne et de Carlsbad dès 1819, et organisèrent-elles, contre ce mouvement, l'institution dérisoirement appelée diète allemande, à Francfort. La proclamation de la constitution des Cortés, en Espagne, en Portugal et à Naples, amena les congrès de Troppau, de Laybach et de Vérone, où l'on s'occupa également des affaires de la Grèce, après la révolution éclatée dans ce pays en 1821. Le mot d'ordre de tous ces congrès était la répression, et la triple alliance y montra une entente admirable, aussi longtemps que l'Orient de l'Europe ne se trouvait pas en jeu ; la Russie, ayant un intérêt particulier et traditionnel à s'applaudir des troubles qui pouvaient surgir dans l'empire ottoman. Aussi se déclara-t-elle contre toute mesure coercitive à l'égard des Grecs, les principes de la répression des idées et de l'équilibre européen n'étant jamais chez elle qu'une affaire de convention. L'Autriche entrevit le danger d'une politique pareille, lors de la guerre que Nicolas entreprit contre la Turquie en 1828 et 1829, et pour s'opposer à ses conséquences, elle rechercha l'appui de la France et de l'Angleterre, en augmentant ses propres forces jusqu'au chiffre de 400,000 hommes, mais comme l'alliance avec les deux puissances précitées, lui manqua, elle se vit forcée à donner son assentiment au traité d'Andrianople. La dépêche secrète de l'ambassadeur russe à Paris, comte Pozzo di Borgo, adressée à la date du 28 novembre 1829 au comte de Nesselrode, démontre suffisamment à quel point la politique du prince de Metternich se trouvait alors opposée à la Russie ; ce différend momentané entre les membres de la Sainte-Alliance, disparut toutefois bien vite devant les dangers de la révolution de Juillet et de ses conséquences immédiates, les révolutions de Belgique et de Pologne. L'harmonie primitive des trois puissances se rétablit dès lors, et dura jusqu'à ce que son principe même, qui se fondait sur le conservatisme absolutiste et le conservatisme territorial eut éprouvé une atteinte, ce qui eut lieu notamment, lorsqu'à la mort du dernier roi de Prusse, son successeur eut changé peu à peu la forme gouvernementale de ses états, conformément à l'esprit public de l'Allemagne et de son propre pays. La Prusse, avec ses tendances de centralisation allemande, vers lesquelles tout semble l'appeler, et qui se trouvaient déjà fortement développées, même sous le feu roi, devait nécessairement s'écarter la première de l'ancien système, et ses réformes la détachèrent, pour ainsi dire, en droit du principe de la Sainte-Alliance, quoiqu'elle y tenait encore de fait. En se mettant du côté des idées du progrès, elle se plaçait dans une rivalité directe avec l'Autriche qui était moins avancée à cette époque, et qui ne pouvait oublier d'autre part, que ses princes avaient porté la couronne impériale d'Allemagne jusqu'à l'année 1805.

Mais ce sont les années 1848 et 1849 qui ont porté la plus grande atteinte à la Sainte-Alliance, car la Prusse devint

dès lors tout à fait constitutionnelle, et conserva le fonds
de ses nouvelles institutions depuis. Quant à l'Autriche, nul
état en Europe ne subit des modifications plus profondes
qu'elle dans son intérieur. L'abolition de tous les droits
féodaux et priviléges existants, y produisit une véritable révolution, de laquelle le pouvoir exécutif sortit, il est vrai,
plus fort qu'auparavant, mais qui cependant ne put ne pas
profondément altérer la nature même de cette monarchie.
L'ancien système des priviléges faisant place à l'égalité devant
la loi, les principes de 1789 commencèrent à envahir l'Autriche. Là, où une oligarchie orgueilleuse et une bureaucratie
desséchée régnaient jusqu'alors sans nul partage, on vit
des hommes nouveaux, des fils de leurs propres œuvres,
appelés Bach, Bruck, les frères Kraus et Baumgartner rem-
placer des ministres dont une partie de mérite consistait en
parchemins poudreux. Les peuples de ces vastes états respirent
plus librement; sans doute il y a beaucoup à faire encore en
Autriche, mais ce qui s'y est fait a déjà la plus haute impor-
tance et a produit la seconde des grandes secousses qu'ait res-
senti la Sainte-Alliance, car la politique ainsi modifiée à l'intérieur, ne pouvait ne pas entraîner aussi un changement dans
la conduite des affaires extérieures. La Russie restait donc dé-
cidément toute seule avec ses idées de pure répression, et l'as-
sistance qu'elle donna à l'Autriche en 1849 fut beaucoup moins
la suite d'une entente intime de ces deux puissances qu'une
conséquence de la nécessité absolue de parer à un danger
prochain qui la menaçait, car le contre coup de l'insurrection
hongroise ne pouvait manquer de se faire sentir en Pologne,
dont les plus illustres généraux, comme Bem et Dembinski,
combattaient déjà sous le drapeau Magyare.

C'est dans cet état des choses que le dernier coup fut porté à la Sainte-Alliance par l'empereur Nicolas lui-même, lors de ses attaques récentes contre l'empire ottoman; puisque le conservatisme des idées, une des bases de cette combinaison politique, venant de disparaître à la suite des changements survenus en Prusse et en Autriche, l'autre base, le prétendu équilibre territorial européen, se trouva ébranlé par les mains du czar.

Les anciennes traditions de l'Autriche s'évanouissant donc en même temps que la Sainte-Alliance, mettons-nous à examiner quel chemin s'ouvre devant elle maintenant, et quelle est la sphère de son action actuelle?

Après avoir été à deux doigts de sa perte, en 1848 et 1849, nous voyons aujourd'hui l'Autriche, alliée avec les puissances occidentales, possédant une armée formidable et intacte qui la rend, pour le moment, l'arbitre de la situation européenne. Son organisation militaire, les ressources inépuisables qu'elle trouve chez ses peuples, et particulièrement chez ses habitants slaves, lui ont permis de se tirer avec avantage de la grande péripétie dans laquelle elle se trouvait il y a si peu d'années, ayant la révolte dans presque toutes ses capitales et la guerre en Italie et en Hongrie. Ces mêmes ressources lui assurent une force d'autant plus décisive aujourd'hui que la France et l'Angleterre ne se trouvent pas encore avoir obtenu jusqu'à présent les succès auxquels on était en droit de s'attendre. La coopération autrichienne peut, d'ailleurs, entraîner du côté de l'Occident une grande partie de la Confédération germanique, c'est-à-dire des centaines de milliers de bayonnettes. On pouvait croire qu'après s'être déclaré nettement contre les prétentions de la Russie, et avoir signé le traité du 2 décembre, l'action de l'Autriche suivrait de bien près; mais on la voit se complaire trop jusqu'ici dans les voies diplomatiques qui lui ont déjà valu en effet quelques avantages. Les concessions de la Russie relatives aux deux premiers points des garanties demandées par les puissances occidentales servent presqu'exclusivement des intérêts autrichiens, concessions dont elle s'est du reste assez adroitement emparé d'avance par l'occupation des principautés danubiennes.

A notre avis cependant, l'acceptation définitive de tous les quatre points, ne serait, après tout, qu'un replatrage temporaire, car la Russie, dont les frontières à peine auraient été effleurées, ne manquerait pas de revenir sur ces concessions dès qu'elle serait revenue de ses embarras actuels. L'acceptation des quatre articles, et Sébastopol rasé, n'amoindriraient en rien les forces de cette immense empire, qui pourra les déployer de nouveau, aussitôt que le moment lui paraîtra propice. Il est évident que la coopération de l'Autriche à une solution pareille, n'offrirait à cet état aucune sécurité, la puissance russe pouvant toujours lui venir demander raison de sa conduite actuelle, et avec d'autant plus de poids, qu'il est à supposer qu'elle ne tardera pas à arborer le drapeau du progrès au milieu de la race slave. Aussi un général russe a-t-il nettement défini la situation actuelle et future des deux monarchies en disant: « *Au commencement de de la campagne, nous nous sommes trompés de chemin, pour aller à Constantinople, il fallait d'abord passer par Vienne.*

Pourquoi alors, se demandera-t-on, voyons-nous à l'Autriche cette action traînante, quand son salut, son avenir et ses moyens présents, sembleraient devoir la pousser vers une action immédiate et énergique? La réponse à cette question se trouve, dans son passé, dans la composition de ses états, et dans ce que sa nouvelle réorganisation est encore beaucoup trop récente.

D'un côté, elle ne saurait voir d'un œil indifférent les tendances envahissantes de la Russie qui, fidèle à ses antécédents,
viendra, à la première occasion lui demander, comme puissance
slave, des garanties pour les nationalités de sa race, de même
qu'elle a demandé au sultan des garanties pour ses sujets du rit
grec. De l'autre, elle craint encore le développement trop rapide des principes du progrès qu'elle a déjà cependant accep-
tés. Si le conservatisme, représenté jusqu'à présent par la
Russie, venait à crouler tout-à-coup, l'Autriche en redouterait
principalement les suites, à cause de la diversité des populations qu'elle régit et qui ne sont tenues ensemble que par un
lien de concentration gouvernementale; elle les voit s'échapper
à son pouvoir, comme cela était presque arrivé en 1848, lorsque la révolution de février eut débordé. Prévoyant que dans
l'alternative de la prépondérance du nord, comme dans celle de
la propagande occidentale, elle aurait énormément à perdre,
l'Autriche cherche à garder l'équilibre entre les deux forces
qu'elle redoute, et à obtenir, par une solution pacifique, les
garanties et les avantages qu'elle n'espère pas pouvoir s'assu-
rer par la guerre.

Nous avons déjà cherché à prouver toute la futilité
de pareilles combinaisons. Les arrangements qui seraient
la suite de la simple acceptation des quatre articles, n'auraient
certes pas plus de succès que le fameux congrès de Vienne qui,
peu d'années après, vit son œuvre péniblement combinée,
secouée et écroulée devant les événements de 1830. Ce replatrage ne durerait qu'autant que cela plairait à la Russie, parce
qu'elle aurait toujours des forces plus que suffisantes pour
s'en débarrasser à volonté.

L'unique voie ouverte par conséquent à l'Autriche est celle
d'une lutte décidée avec la Russie, pour la refouler conjoin-

tement avec ses alliées, jusqu'à ses limites d'avant 1772.

La Russie est forte et ses troupes sont vaillantes, on ne peut se le dissimuler, le combat sera donc rude. Mais outre ses forces matérielles, l'Autriche a un moyen infaillible de faire pencher la balance en sa faveur dans cette lutte, et ce moyen, c'est le rétablissement de la Pologne.

Dans ses régimens galliciens, l'Autriche possède une armée polonaise toute faite, et en mettant en avant le principe de l'abolition des corvées des cultivateurs, qui a prévalu, déjà chez elle depuis 1848, elle est sûre dans la Pologne russe d'avoir les masses pour elle. Mais il n'y a pas un seul jour à perdre, car la Russie fera certainement plus tard ce que les alliés et surtout l'Autriche devraient faire aujourd'hui, et elle entravera ainsi leurs succès de ce côté. Nous nous abstenons ici à dessein de parler de la position des patriotes polonais, qui deviendrait extrêmement difficile si, au milieu de leurs longues souffrances et désappointements, au milieu de l'oubli de toute l'Europe, la Russie seule venait à leur tendre une main amicale.

On dit que c'est principalement en considération de l'Autriche que les puissances occidentales ne prononcent point encore le nom de la Pologne : il est sûr que ce serait à elle-même de prendre surtout cette initiative, dans l'intérêt de la justice comme dans l'intérêt de sa propre conservation, car aussi longtemps que la Russie gardera les possessions polonaises, ses forces aggressives seront immenses, et ce n'est que derrière une Pologne grande et forte, que la renaissance intérieure de la Russie pourra s'accomplir d'une manière salutaire pour ses peuples et ne portant aucun danger à l'Europe ; ce n'est que lorsque l'ennemi aura été une fois refoulé de cette sorte, que l'Autriche jouira avec sécurité de la libre navigation du Danube, cette artère principale de son commerce et de son industrie, arrivés dans les derniers temps à un haut degré de prospérité. Ce n'est que lorsqu'il n'y aura plus de flotte russe dans la mer Noire, que ce fleuve qui s'y jette sera libre.

En nous entendant dire que l'Autriche doit émanciper la Pologne, on demandera : «Et que deviendra la Hongrie, l'Italie?» Nous répondrons que ces pays doivent nécessairement profiter aussi de la nouvelle situation dans laquelle se placerait l'Autriche, et qui ne peut que se dessiner de plus en plus de nos jours. Mais leur route est toute autre, et diffère notablement de celle de la Pologne.

Une autre puissance est intéressée au rétablissement de la Pologne, parce qu'elle en possède des tronçons, c'est la Prusse. Nous la voyons dans un antagonisme perpétuel avec l'Autriche qui éclate à chaque occasion. Quel en est la cause? Le désir de dominer l'Allemagne. Les deux puissances en question se rencontrent sans cesse sur ce terrain dans les derniers temps, et leur politique extérieure s'en ressent. L'Autriche a abdiqué politiquement la couronne impériale en 1805, et depuis la situation a tellement changé que ce serait courir après une ombre que de vouloir ressaisir ce genre de pouvoir, un pouvoir pour elle insaisissable, dans un temps, où des grandes réalités peuvent occuper toute son attention. Les liens d'ailleurs qui la rattachaient à la confédération sont bien factices quand on les compare à ceux qui rattachent cette confédération à la Prusse. Placée vers l'est avec sept millions d'Allemands seulement, l'Autriche ne pourra lutter longtemps sur le terrain du germanisme avec cette dernière qui se trouve presque au milieu de la nation allemande et possède une population beaucoup plus homogène. Si l'Autriche cède à la Prusse sa liberté d'action sur l'Allemagne, elle aura éloigné par là la cause principale de ses différends avec cette puissance qui, n'ayant plus aucun intérêt à rechercher l'appui de la Russie, se détacherait insensiblement de l'alliance de cette dernière. A mesure que la Prusse s'étendrait en Allemagne, le cabinet de Vienne aurait le droit d'exiger des concessions à son tour, par exemple la restitution du grand duché de Posen à une Pologne indépendante, et même celle de la Silésie, qui lui avait été ravie injustement par Frédéric II. Quant à l'Autriche, il lui reste à subir dans son intérieur une régénération complète. Joseph II avait entrevu ce qui manquait à sa monarchie, où les Slaves étaient et sont encore en si grande force : il songea à ériger l'Autriche en empire slave d'Orient à l'époque de sa guerre avec les Turcs en 1787. Sa mort prématurée mit à néant peut-être la réalisation de ce grand projet de même que de beaucoup d'autres, mais le moment paraît venu pour l'Autriche d'y revenir de nouveau. Ce serait la seule voie salutaire à suivre, en reprenant le point de départ de 1848, et une confédération de tous ces états avec le développement de leur nationalité sous un gouvernement fort et progressif, tel nous paraît le seul grand avenir accessible à l'Autriche. Les Slaves qui forment la moitié de sa population donneraient à cet ensemble une couleur caractéristique. Les états non slaves garderaient leur individualité comme membres appartenant à l'empire collectif sans dominer la majorité ni sans être dominés par elle. Les avantages que l'Autriche retirerait de cette combinaison seraient immense.

D'abord la protection des dix millions de chrétiens dans la Turquie d'Europe, et particulièrement des slaves turcs, lui reviendrait de fait par le prestige de cette transformation, aidé par sa position géographique. Les priviléges octroyés en dernier

lieu aux chrétiens de la Turquie les mettent déjà à peu près
sur une ligne égale avec les musulmans, mais pour que l'exécution de ces privilèges soit immédiate et continuelle, ce serait
à l'Autriche d'exercer le protectorat nécessaire, autrement les
chrétiens de la Turquie continueraient à tourner leurs yeux
vers la Russie qui, a côté de leurs réformes, leur offre encore
l'appat séduisant de la seule grande combinaison slave existante.
L'Autriche possède parmi ses peuples plusieurs millions de
Roumains, race mélangée d'éléments slaves et romains. La
Moldavie et la Valachie en comptent dans son voisinage plus
de quatre millions, qui ne tiennent que par un bien faible lien
au sultan, sans former cependant un état tout-à-fait indépen-
dant. L'Autriche occupe de fait ces provinces, ces armées les
ont délivré de l'oppression russe, elle a donc acquis de toutes
les manières l'habitude de gouverner cette nation qui, pendant la guerre de la Hongrie, montra beaucoup d'attachement
pour ses princes et ceux-ci pourrait exiger par conséquent,
comme équivalent de la Gallicie qu'ils abandonneraient à la
Pologne et de la coopération à la guerre, leur occupation
prolongée. Ce n'est qu'alors que la libre navigation du Danube serait une vérité et pour l'Autriche et pour l'Europe, et que
son commerce atteindrait le plus haut degré de prospérité.
Couvrant ainsi la Turquie, et séparée de son côté de la Russie
par la Pologne, l'Autriche formerait avec ces deux derniers
un triangle d'états dans l'est et le nord de l'Europe, satis-
faisant les vœux des peuples slaves habitant ces contrées
et qui commencent fortement à se prononcer pour une existence libre et indépendante, et évitant ainsi le danger de
voir toutes ces races réunies sous le gouvernement russe.

La Russie de son côté, ne pouvant plus se livrer a des enva-
hissements au dehors, serait bien obligée de faire enfin un

retour sur elle-même, et d'accorder à ses peuples, par nécessité, ce qu'elle n'aurait accordé autrement que dans des vues politiques ; or, ces peuples méritent certainement un meilleur sort. Le gouvernement russe s'est adressé, en dernier lieu, aux masses ; on les a vues répondre à l'appel, mais à toute masse mise en mouvement il faut un équivalent de ses efforts. Les populations russes appelées en armes aujourd'hui obtiendront ce résultat de la lutte présente que cette lutte soit avantageuse ou désavantageuse pour leur gouvernement, et il nous est permis d'espérer, qu'à la fin de la guerre présente, la Russie transformée formera une grande combinaison slave avec les états dont nous venons de parler plus haut.

Un de ces états, la Pologne, serait l'intermédiaire entre la Russie et l'Autriche, empêchant toute collision, tout frottement entre eux. Depuis le commencement de la guerre, la Russie l'occupe par ses corps de la garde et des grenadiers, qui se trouvent ainsi soustraits à une action sur le Danube ou en Crimée. Ce seul fait prouve que, même dans son délaissement et son abandon actuel, la Pologne est un obstacle et une barrière pour ses oppresseurs, une alliée utile pour les puissances occidentales, que ne serait-elle donc pas dans ce sens, si elle était une fois rendue libre et indépendante? Son action bienfaisante ne ferait pas défaut même après que cet état normal tant désiré serait définitivement rétabli.

L'Autriche, comme grand empire slave du sud-est rajeuni, peut tout décider dans ce moment, si elle agit dans des vues larges et sans se laisser détourner par aucune fantasmagorie, ni aucun avantage factice. Voilà en résumé ce qu'il faut de sa part : guerre à outrance contre la Russie, coopération sérieuse au rétablissement de la Pologne, abdication de ses prétentions surannées en Allemagne en faveur de la Prusse, puis transformation complète à l'intérieur.

C'est alors que le grand et beau mouvement intellectuel qu'on ne peut méconnaître chez les nations slaves, et que la Russie a su adroitement exploiter en toute occasion, sera régularisé et satisfait en même temps, puisque dans les trois états formant la combinaison dont nous parlions, les différentes populations trouveront le champ le plus vaste pour leur élan et la satisfaction la plus entière pour leurs vœux. Tout dépendra encore une fois de l'Autriche, mais qu'elle ne compte pas trop sur ses ressources matérielles, quelques grandes qu'elles soient, ni sur son habileté politique, pour continner à se maintenir dans le *statu quo*, car, à un moment donné, tout cela pourrait lui manquer. Si l'Autriche ne suit que la voie des tergiversations politiques, si elle ne pose pas chez elle une forte base nationale et rationnellement progressive, si surtout elle n'aide pas les puissances occidentales à refouler maintenant la Russie, alors un jour viendra où elle sentira le terrain lui manquer sous les pieds, et lorsque des questions de nationalités s'agiteront, elle se trouvera en défaut, et alors elle verra son astre pâlir devant l'étoile polaire. L'homme de la Sainte-Alliance par excellence, le prince de Metternich, ce représentant de l'idée autrichienne jusqu'en 1848, qui n'avait foi que dans une direction bureaucratique à l'intérieur et dans un conservatisme diplomatique au dehors, avait coutume de répondre à ceux qui lui tiraient le pronostic de l'avenir : « *Après moi le déluge.* » Dans sa sécurité aveugle, il se croyait, lui et son système, à l'abri de tout événement à courte échéance. Eh bien, la vague monta en 1848 et le submergea en même temps que l'échafaudage érigé si péniblement depuis 1815. Quel enseignement que cette chute, pour les hommes d'état, entre les mains de qui le sort de l'Autriche se trouve aujourd'hui! Voilà la marée qui monte de nouveau, nous les voyons naviguer à travers la bourrasque et les raffales, toutes voiles déployées; mais qu'ils aient soin de se diriger d'après des phares clairs et radieux et non d'après des feux de paille trompeurs pour ne pas donner contre des falaises escarpées! Pour faire bonne route, il faut qu'ils choisissent pour boussole la justice, pour pilotes la décision et le progrès. Dans le cas contraire on cherchera en vain le pavillon autrichien au milieu de la tempête des événements.

## APPENDICE.

Dans les lignes précédentes, nous n'avons que faiblement appuyé sur les considérations qui doivent déterminer l'Autriche à contribuer au rétablissement de la Pologne, si toutefois cet état ne se croit obligé à prendre l'initiative de cette grande mesure réparatrice; à peine avons-nous fait mention des avantages qui en ressortent aux yeux de tout le monde.

Ils deviennent plus clairs de jour en jour, l'opinion publique s'en occupe de plus en plus, parce que la nécessité en est évidente; et le moment n'est pas éloigné où la grande question des nationalités appelée à jouer un rôle décisif, mettra celle de la Pologne sur le premier plan. En attendant l'organe du sentiment général, la presse n'a pas manqué de lui prêter son appui puissant et presque unanime. Il aurait donc été superflu de répéter ce qui est généralement connu, si une circonstance fortuite ne nous obligeait d'y revenir pour un instant.

Un auteur distingué et justement connu a plus d'un titre, a cru devoir faire exception à cette généreuse manifestation de ses confrères littéraires en publiant, récemment, une brochure [1], qui remet en question tout ce qui a été dit ailleurs en faveur de la cause polonaise ; il l'a fait d'une façon tranchante, laissant de côté cette logique qui lui a valu le succès. C'est ainsi qu'en écartant une cause juste on affaibli ses moyens et rapetisse son talent.

D'ailleurs la nature de la cause polonaise est essentiellement créatrice et ses efforts, se renouvelant sans cesse, forment une chaîne continuelle de causes et d'effets qui ne s'arrêtera qu'au rétablissement de la Pologne.

Au contraire, la nature de l'auteur dont nous parlons est essentiellement compilatrice, s'emparant et dominant avec une rare habileté des situations données, mais sans pouvoir en faire naître aucune ; il est donc facile à voir qu'à cause de cette nature même, il ne comprend pas la Pologne ; il est donc incompétent à la juger.

Entre autres l'auteur de la brochure dit d'une façon tant soit peu dictatoriale : « La Pologne relevé ne tardera pas à déchoir. »

Depuis 1795, les Polonais n'ont cessé de lutter par tous les moyens pour soutenir avec gloire l'existence morale de leur nation ; chaque génération, jusqu'à nos jours, envoie son contingent au panthéon polonais. Dans le moment actuel, des guerriers polonais, continuent d'une manière brillante en Turquie la tradition militaire de leur patrie ; pendant que leurs frères, moins heureux dans l'Occident de l'Europe, lut-

[1] *La Paix.*

tent moralement contre son asservissement. La mort récente d'un patriote polonais a fournit à la presse parisienne l'occasion de dépeindre les sentiments et le caractère de cette seconde catégorie, et nous trouvons dans les articles écrits à ce sujet l'expression bien positive d'une différence complète d'opinion avec celle de l'auteur de la brochure ; nous le prouvons par l'extrait suivant, qu'il sert comme réfutation.

« De nouveau l'émigration polonaise a perdu un de ses membres distingués : Léon Stempowski, président de la noblesse du cercle d'Uszyca, en Podolie, vient de mourir après une courte maladie. *C'était encore un de ces hommes dévoués dont la Pologne, depuis le dernier partage, nous montre une suite non interrompue, et qui, Dieu aidant, se renouvellera jusqu'à ce que justice soit rendue à sa cause.*

« Né d'une famille ancienne et opulente, entouré de tous les biens de la terre, Léon Stempowski n'hésita point à se joindre aux efforts de 1831 pour reconquérir l'indépendance nationale. Il rassembla les insurgés de son cercle et se mit à leur tête. Mais le corps de l'armée polonaise auquel il allait se joindre s'étant retiré devant des forces supérieures, ses partisans furent dispersés par l'ennemi, et lui-même tomba entre les mains des Russes. Condamné à perpétuité aux mines de Nerczynsk, la gendarmerie le conduisait vers ce tombeau vivant, lorsque la Providence s'interposa en sa faveur dans la personne du capucin Nicolas Romanowski.

« A la première nouvelle du sort malheureux de Stempowski, il se met en route, comme quêteur du couvent, pour sauver celui qui était son ami intime depuis longtemps. Il parvint à atteindre dans une auberge la brigade escortant le prisonnier, et facilita la fuite de celui-ci, qui, déguisé en cocher du capucin quêteur, passa à travers les troupes russes et parvint en

Gallicie : le sauveur, comme de raison, fut aussi obligé de s'expatrier.

« Stempowski, arrivé plus tard en France, vivait dans les conditions modeste d'un émigré, oubliant avec un rare stoïcisme les douceurs d'une vie passée dans les richesses qu'il avait sacrifiées de grand cœur sur l'autel de la patrie, ne gardant que le souvenir de ses devoirs envers la Pologne.

« Par son testament, il légua tous les biens pouvant désormais lui revenir à ses paysans, pour être employés à leur bien-être et à leur instruction. Ajoutons que jusqu'à sa mort, Nicolas Romanowski fut son inséparable et fidèle compagnon, le soignant, veillant auprès de lui dans la chambre mortuaire, le conduisant d'un pas chancelant jusqu'à la tombe, et témoignant des regrets qui honorent également le survivant et celui qui n'est plus.

« Cette tombe est encore un vif témoignage de patriotisme dont fut animé le défunt. Stempowski sentait que ceux dont *l'action d'ensemble* se manifesta si glorieusement en 1831, et qui plus tard, malgré tous les désappointements et toutes les souffrances de l'exil, *restèrent ensembles et fidèles à une grande idée*, que tous ceux-là devaient aussi reposer *ensemble* s'il leur fallait quitter la vie sur une terre étrangère. Pénétré de cette pensée, il fonda au cimetière Montmartre plusieurs grandes sépultures, où les ossements fatigués de l'exilé trouvent leur dernière demeure.

« Le fondateur y a pris place à son tour. Sur le frontispice du mausolée où il repose, se trouve taillée dans la pierre la croix de persévérance, avec la devise : *Usque ad finem*. Elle fut instituée en 1831, par la Diète polonaise, pour récompenser ceux qui combattraient les Russes jusqu'à la fin. Le nombreux cortége accompagnant le cercueil, comprit la pensée élevée d'avoir fait suspendre cette croix au milieu des tombes: ceux qui couchent sous ces pierres tumulaires l'ont bien mérité. Parmi les vivants, ceux-là seulement auront le droit de la porter, *qui ne cesseront leurs efforts que lorsque leur patrie sera libre et indépendante* Aussi, en honorant la mémoire de l'homme de bien, du patriote éminent, et mus en même temps par un profond sentiment du devoir, les Polonais assistant aux funérailles se dirent : *Persévérance jusqu'à la fin.* »

Une nation qui possède de pareils enfants *vit, elle est debout, donc elle n'a pas besoin d'être relevée, elle possède même assez de force vital pour communiquer le feu sacré à ceux qui l'entourent.*

Ces patriotes réunis autour de cette tombe dans l'occident de l'Europe, représentent la Pologne *dévouée et souffrante*; ces autres cherchant, le glaive à la main, n'importe où à combattre les oppresseurs de leur patrie, sont l'image de la Pologne *militante.* — Tous ensemble ne font qu'une poignée d'hommes, nous le savons bien. — Mais derrière eux se trouve la nation entière avec sa tradition et ses sacrifices, avec le feu céleste qui l'anime : — bientôt nous la saluerons comme *Pologne triomphante.*

Impr. de Munzel frères, à Sceaux.